I0757372

This Book Belongs to

____

____

____

All Rights Reserved © 2023
by Deidre Campbell

No part of this Big Easter Mazes for Kids Book may be reproduced, stored in a retrieval system, or transmitted in any form or by any means, electronic, mechanical, photocopying, recording, or otherwise, without the prior written permission of the author/publisher. This book is protected under the copyright laws.

Credits

Book cover image has been designed using assets from Freepik.com.
Happy-easter-celebration-lettering-with-kids by gstudioimagen1

Kids, assist the Bunny to reach his Basket!

Start
End

Start
End

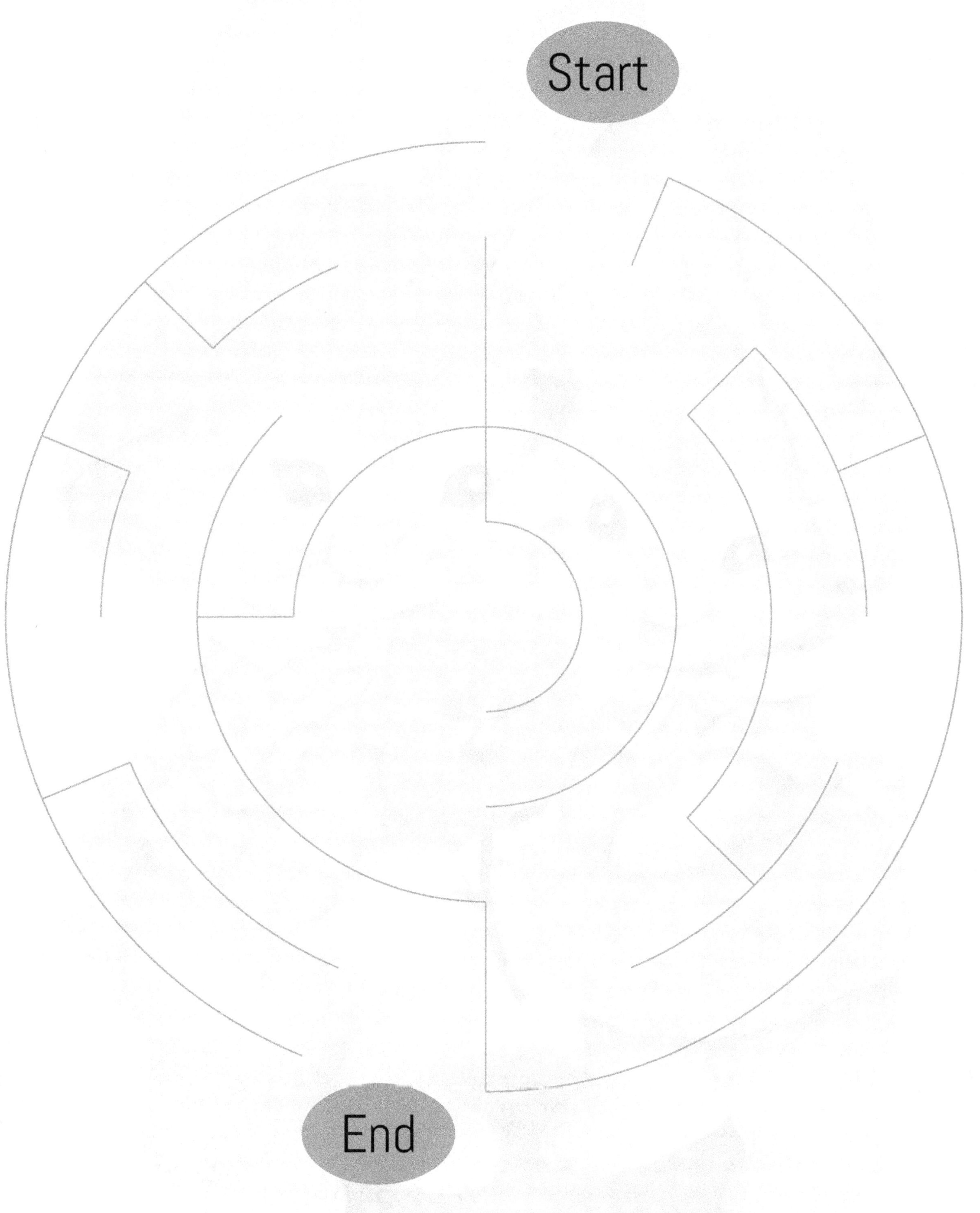

Start
End

Start
End

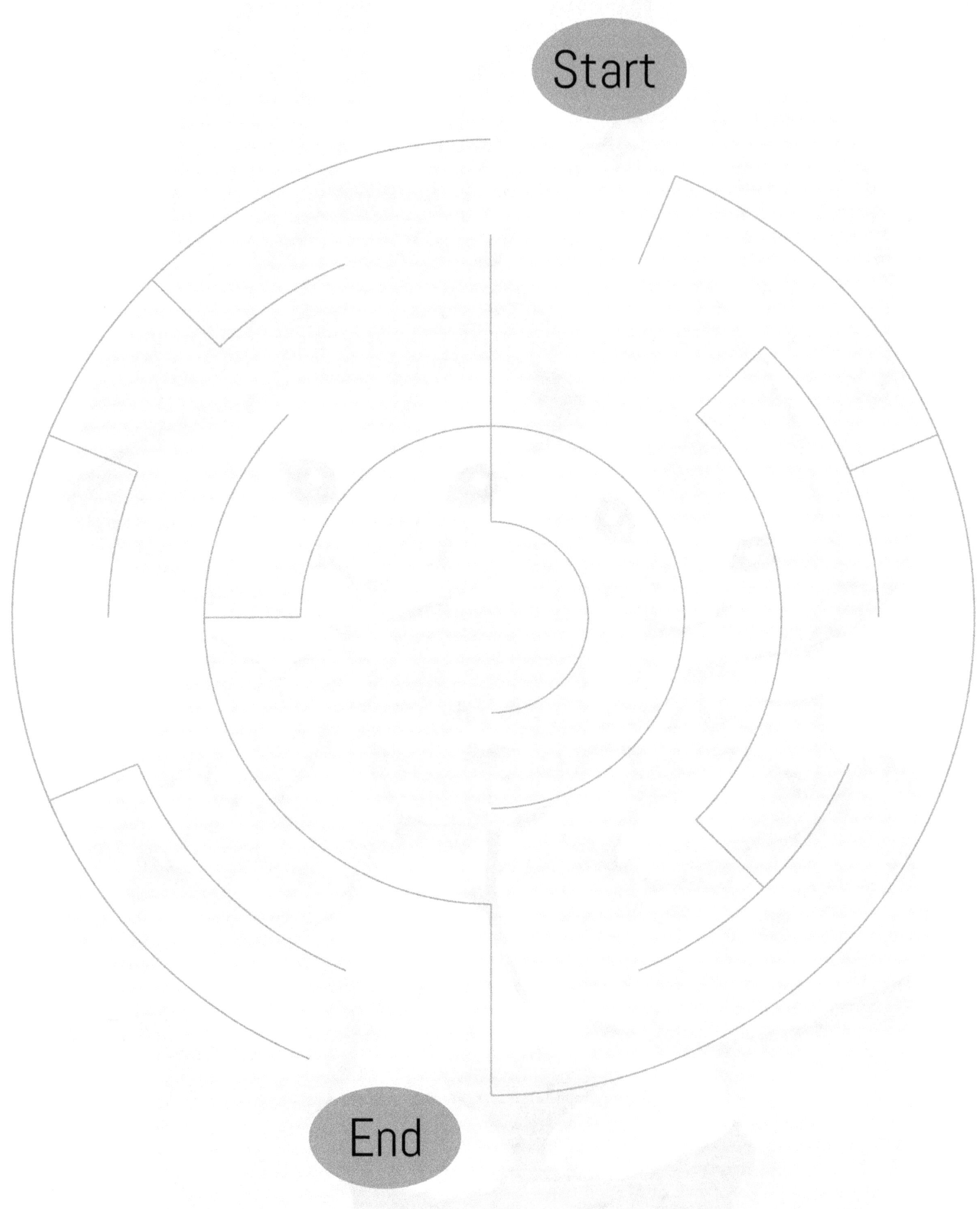
Start
End

Start
End

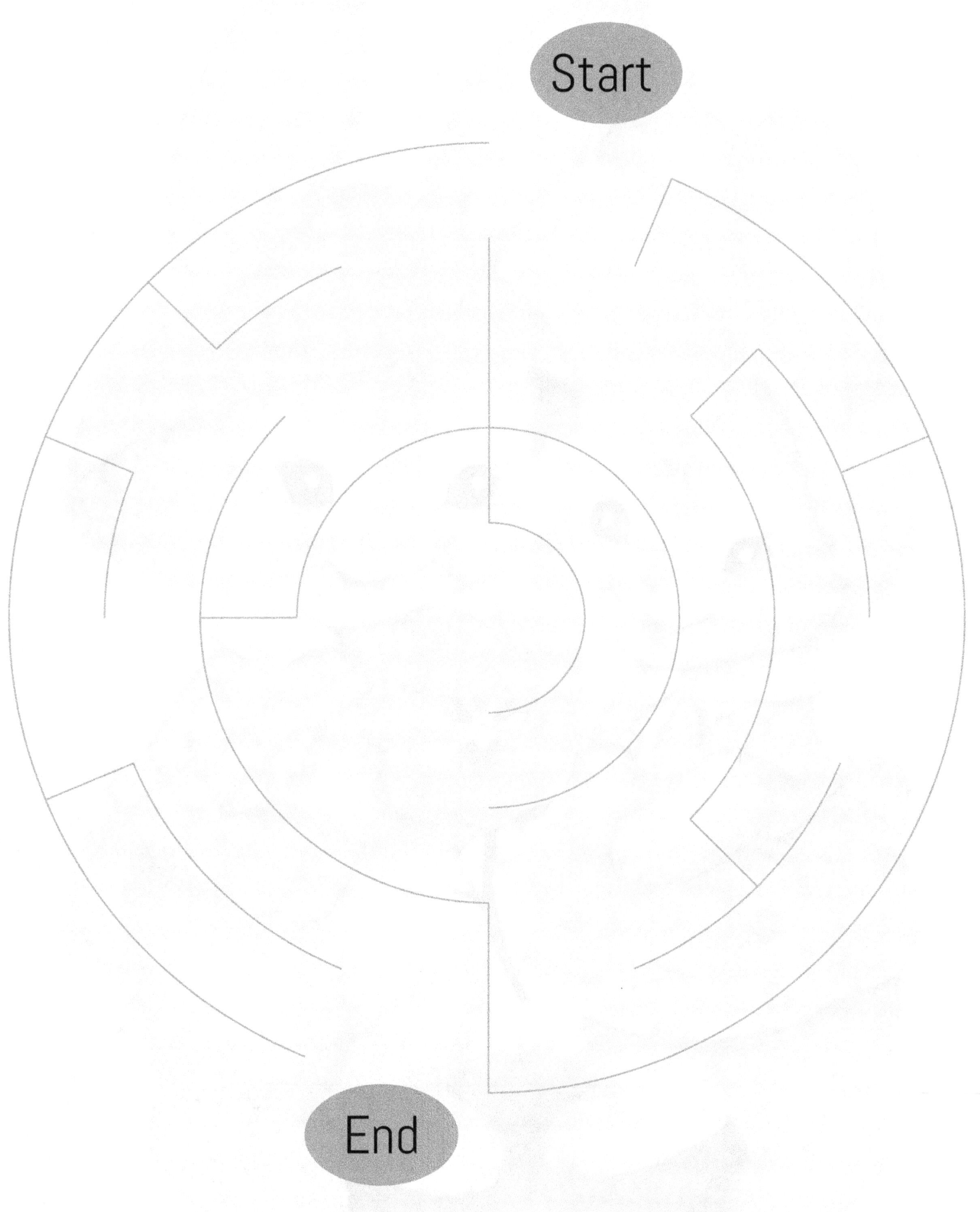

Start
End

Start
End

Start
End

Start
End

Start
End

Start
End

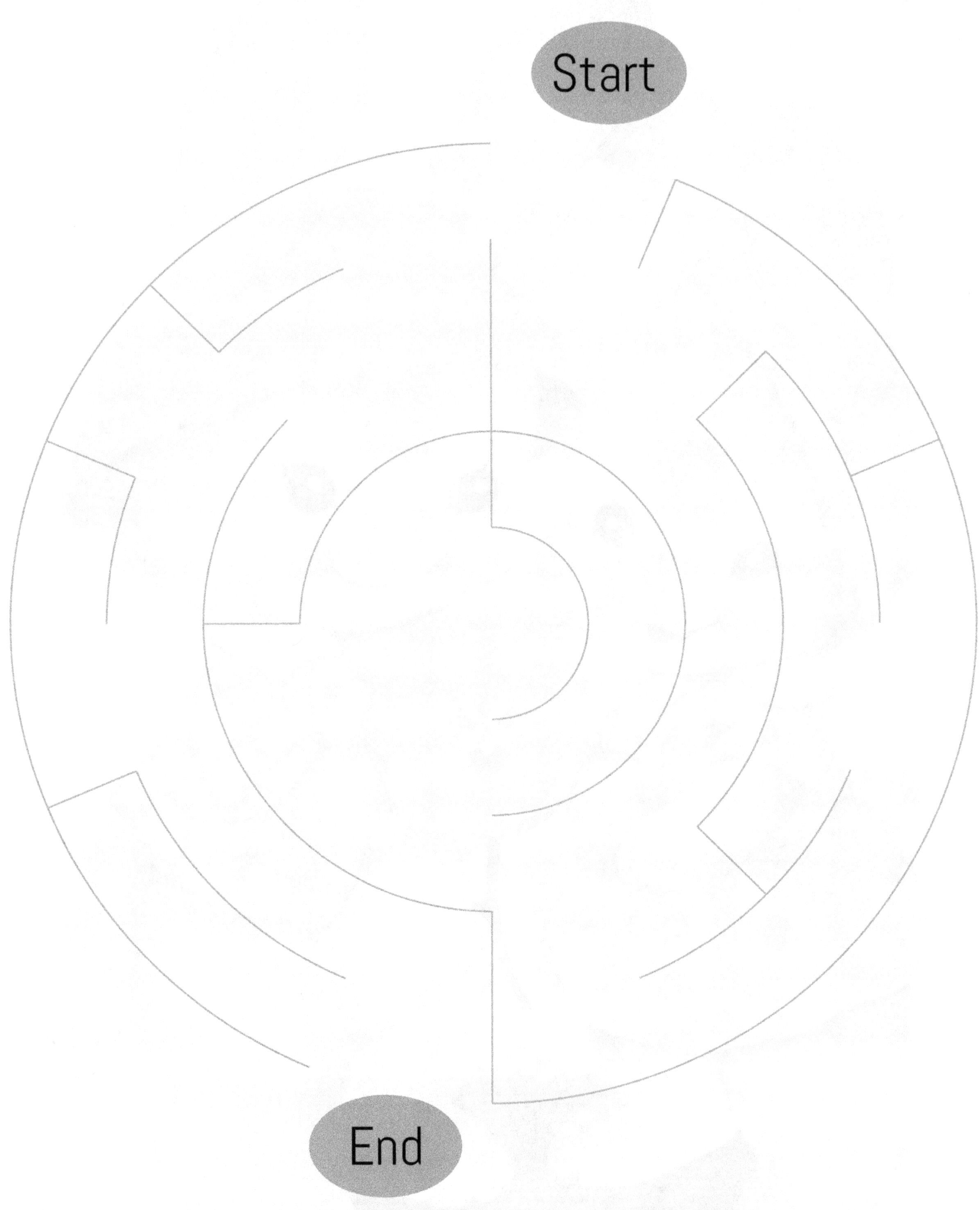

Start
End

Start
End

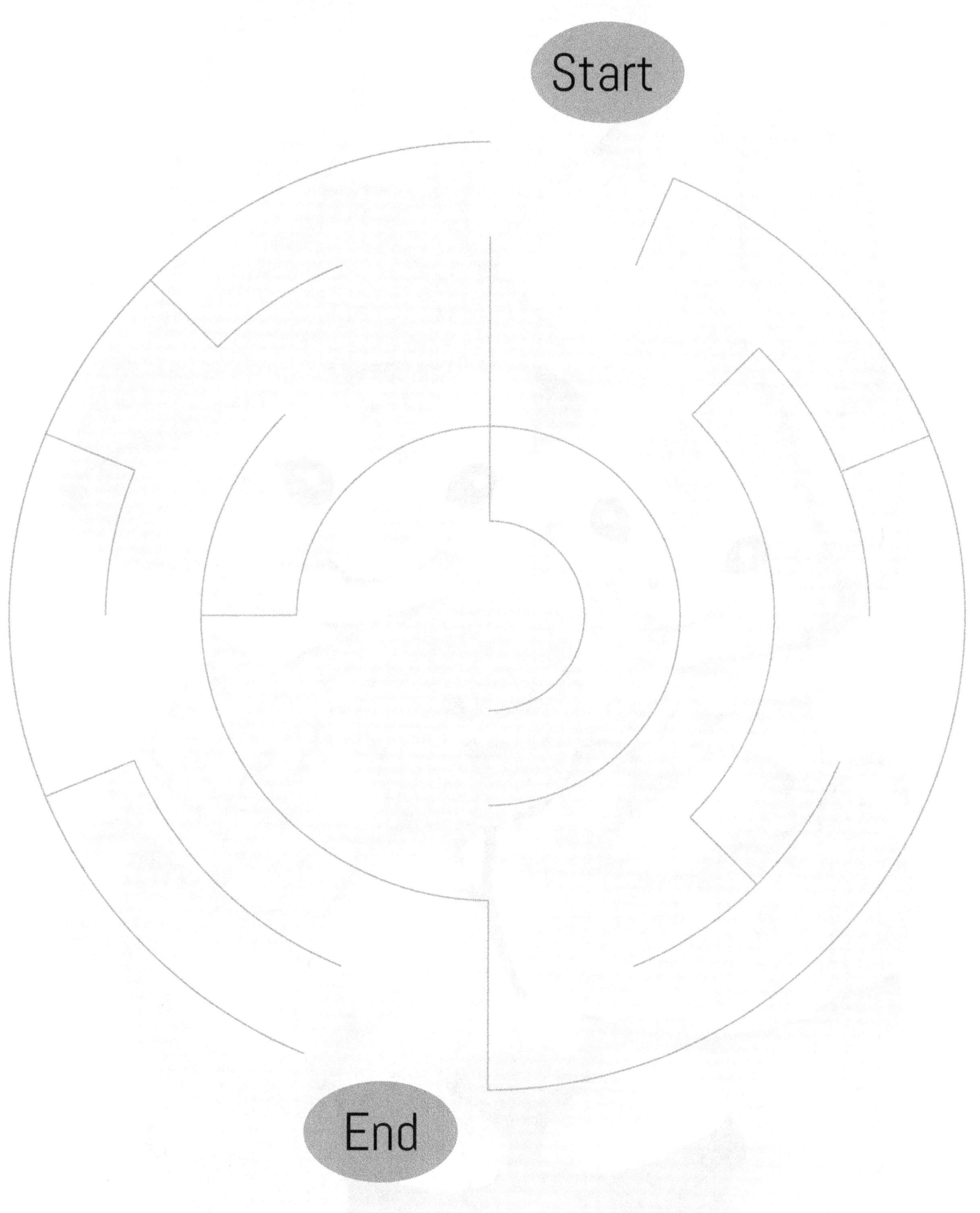

Start
End

Start
End

Start
End

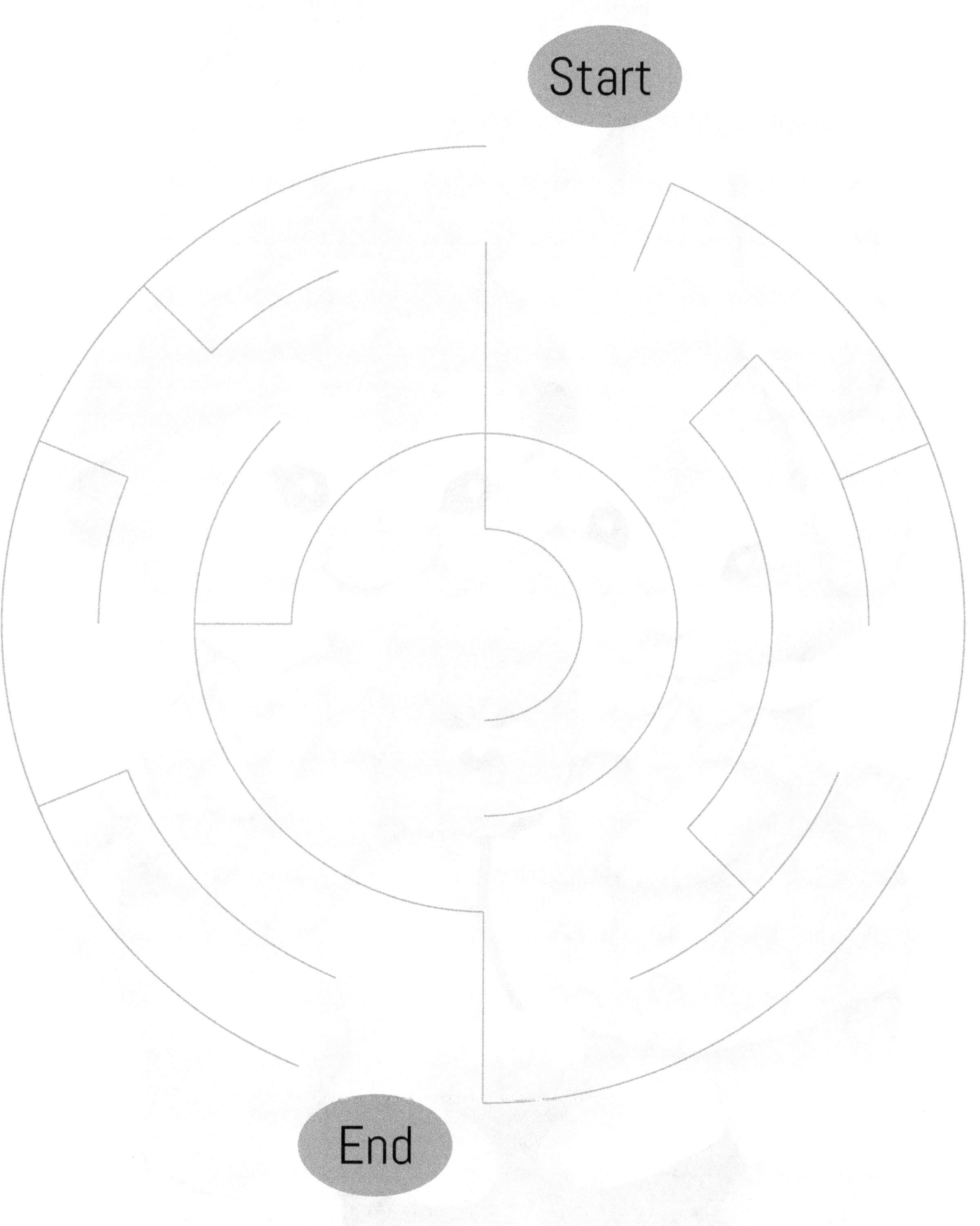
Start
End

Start
End

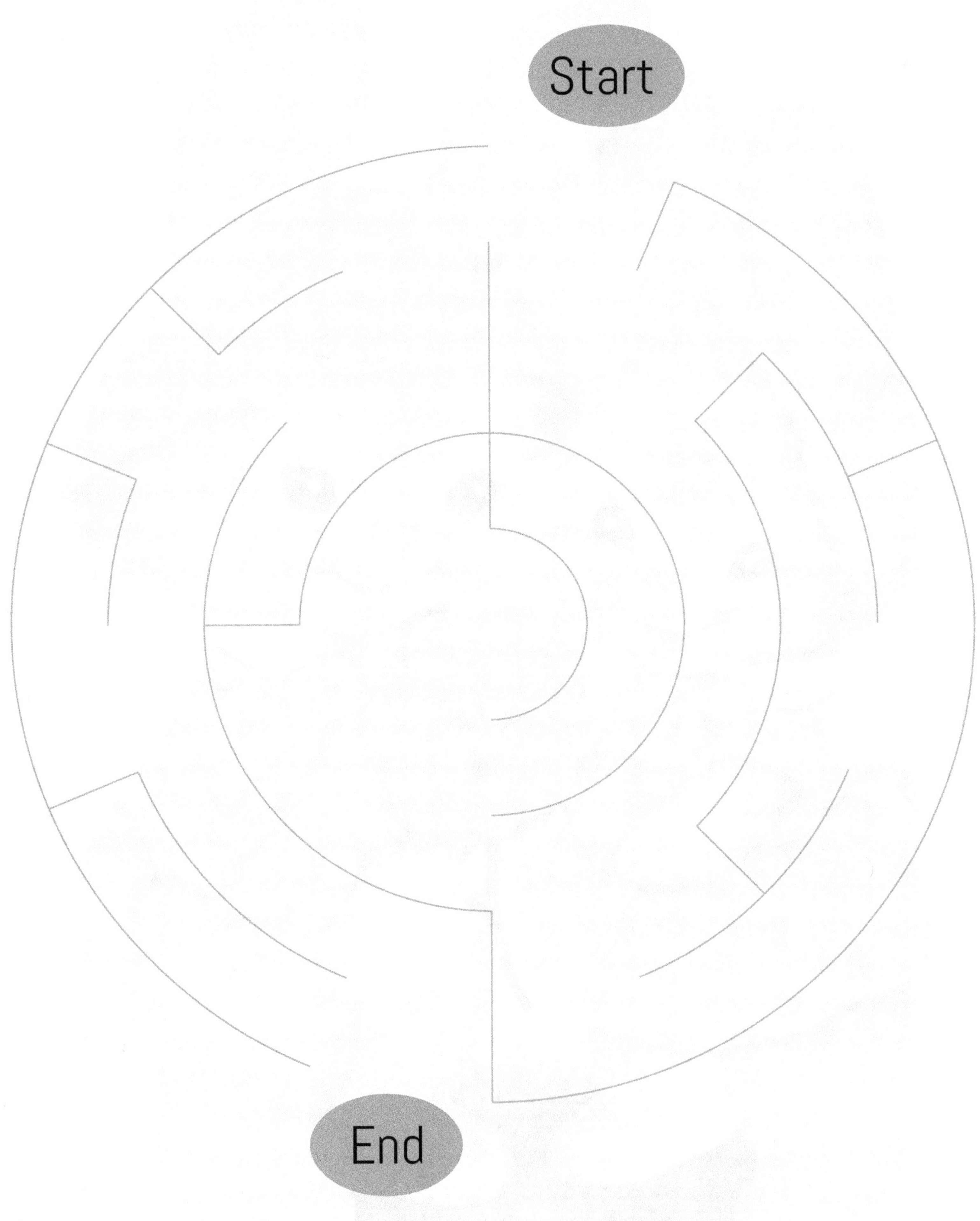
Start
End

Start
End

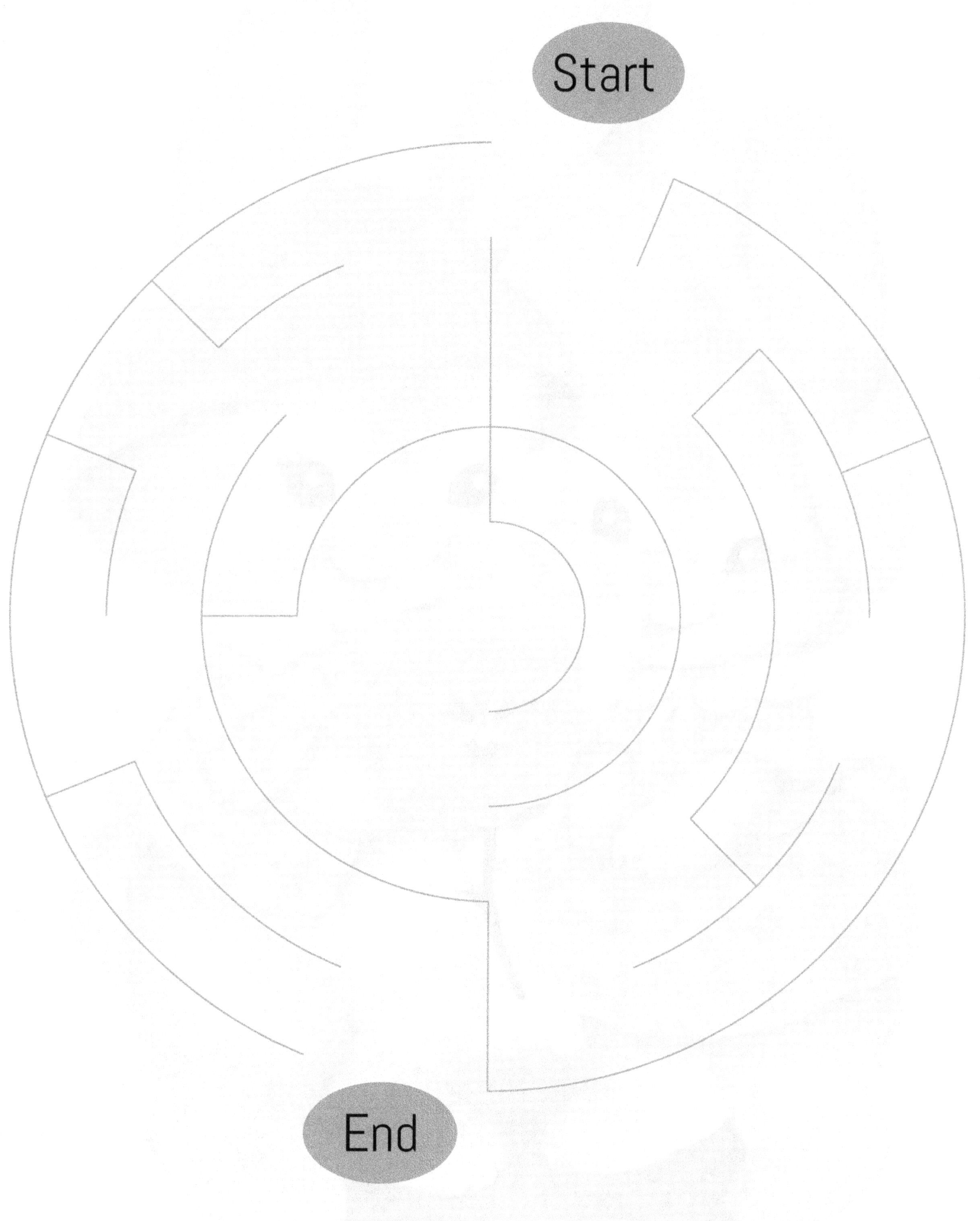

Start
End

Start
End

Start
End

Start
End

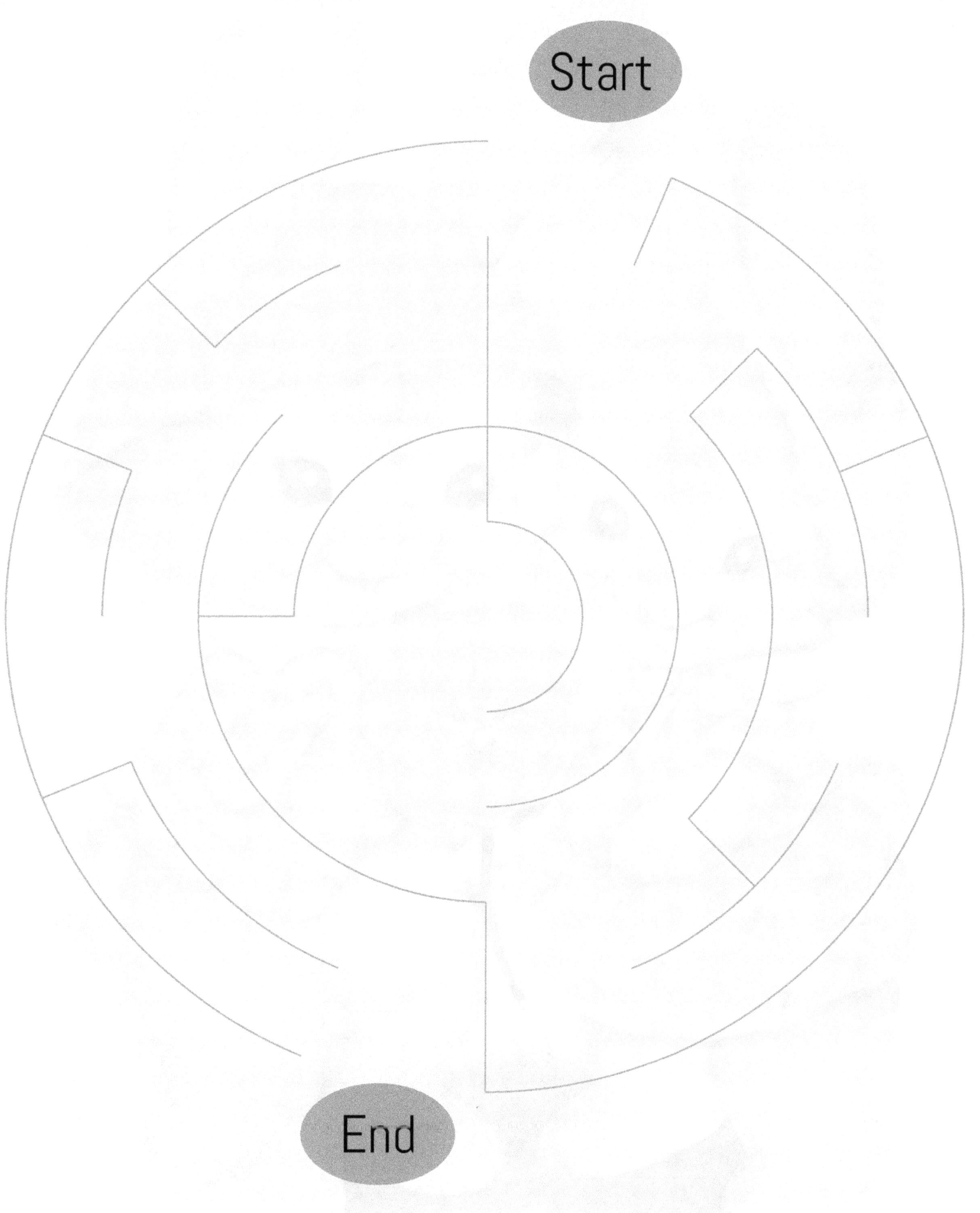

Start
End

Start
End

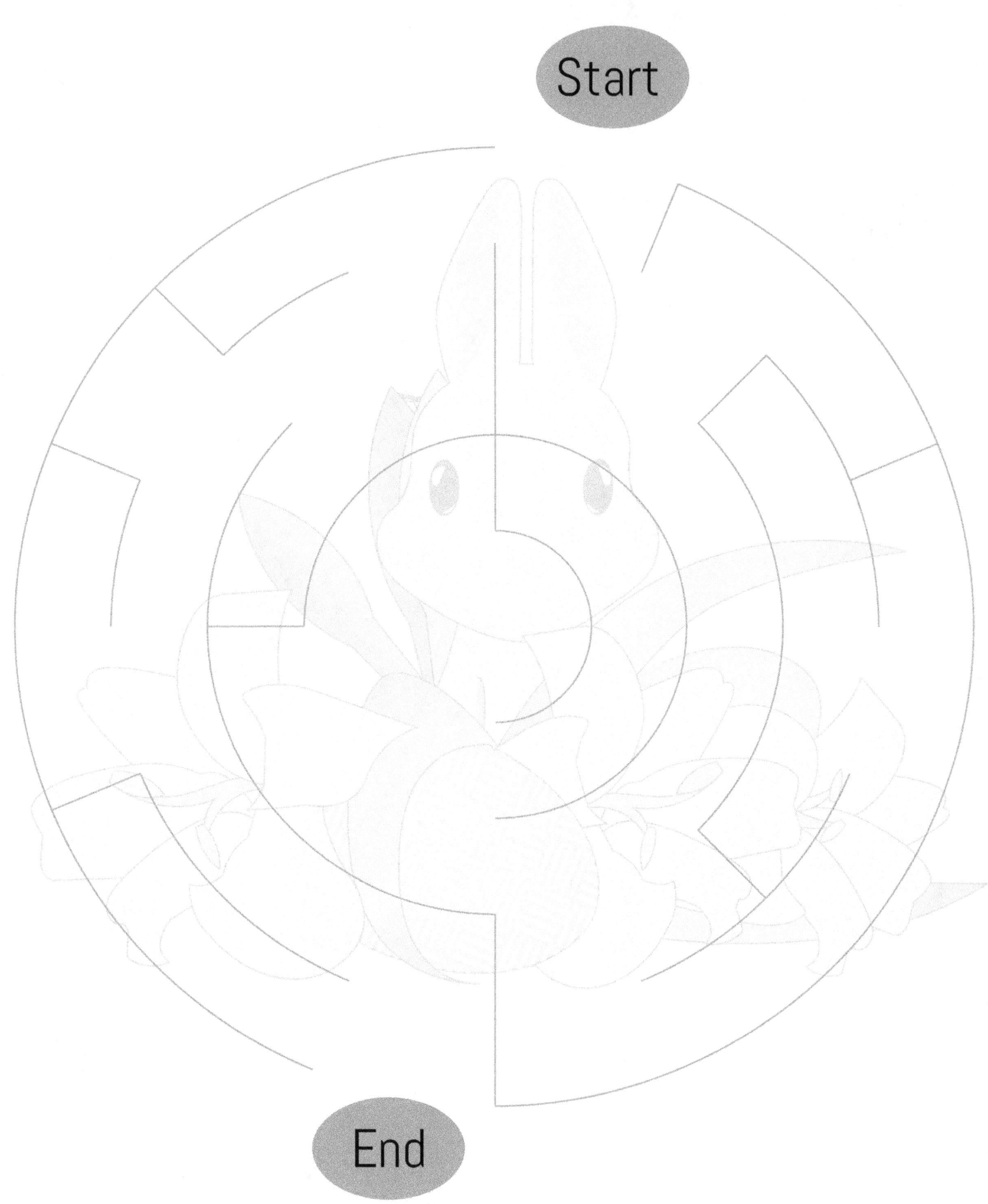

Start
End

Start
End

Start
End

Start
End

Start
End

Start
End

Start
End

Start
End

Start
End

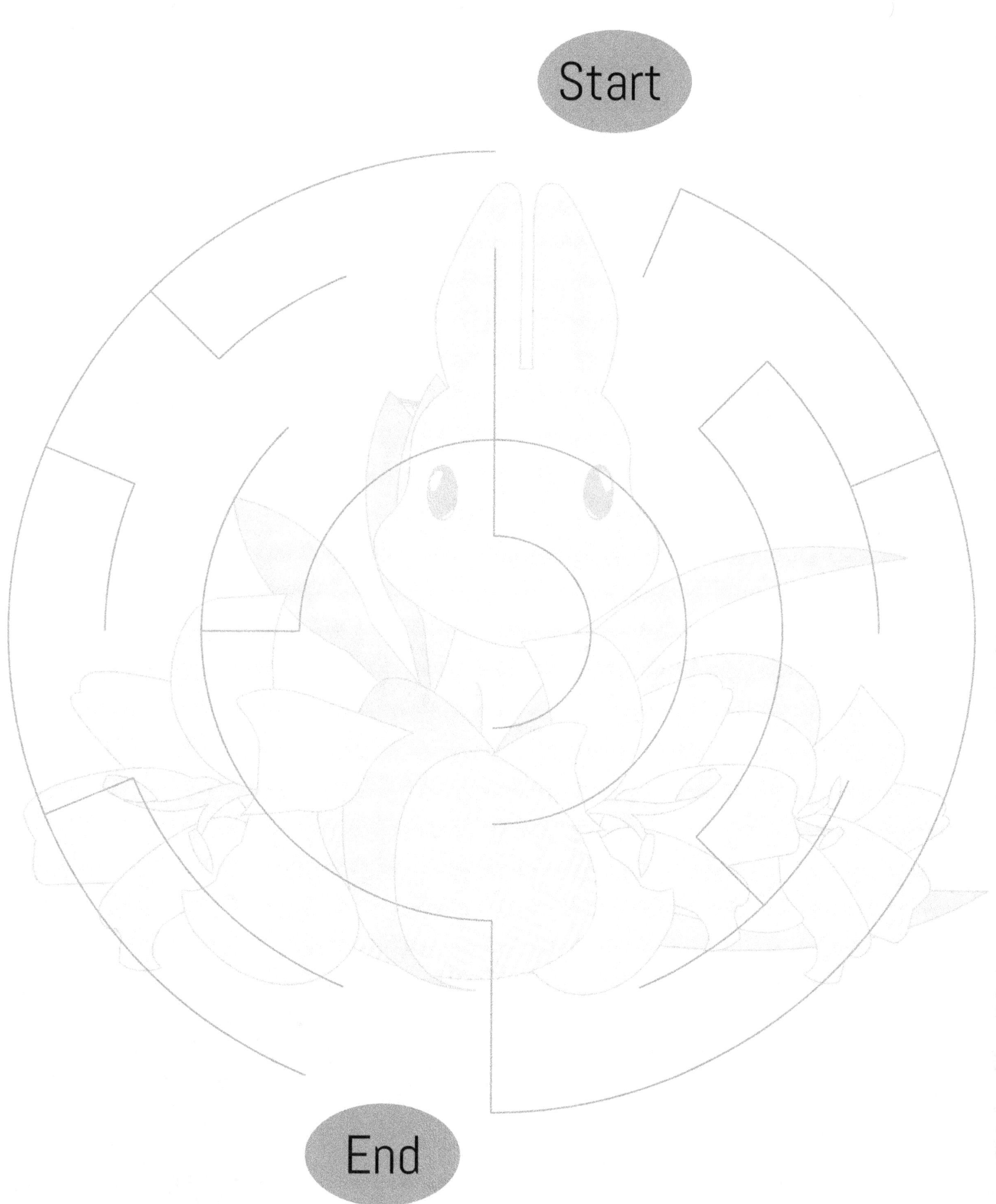

Start
End

Start
End

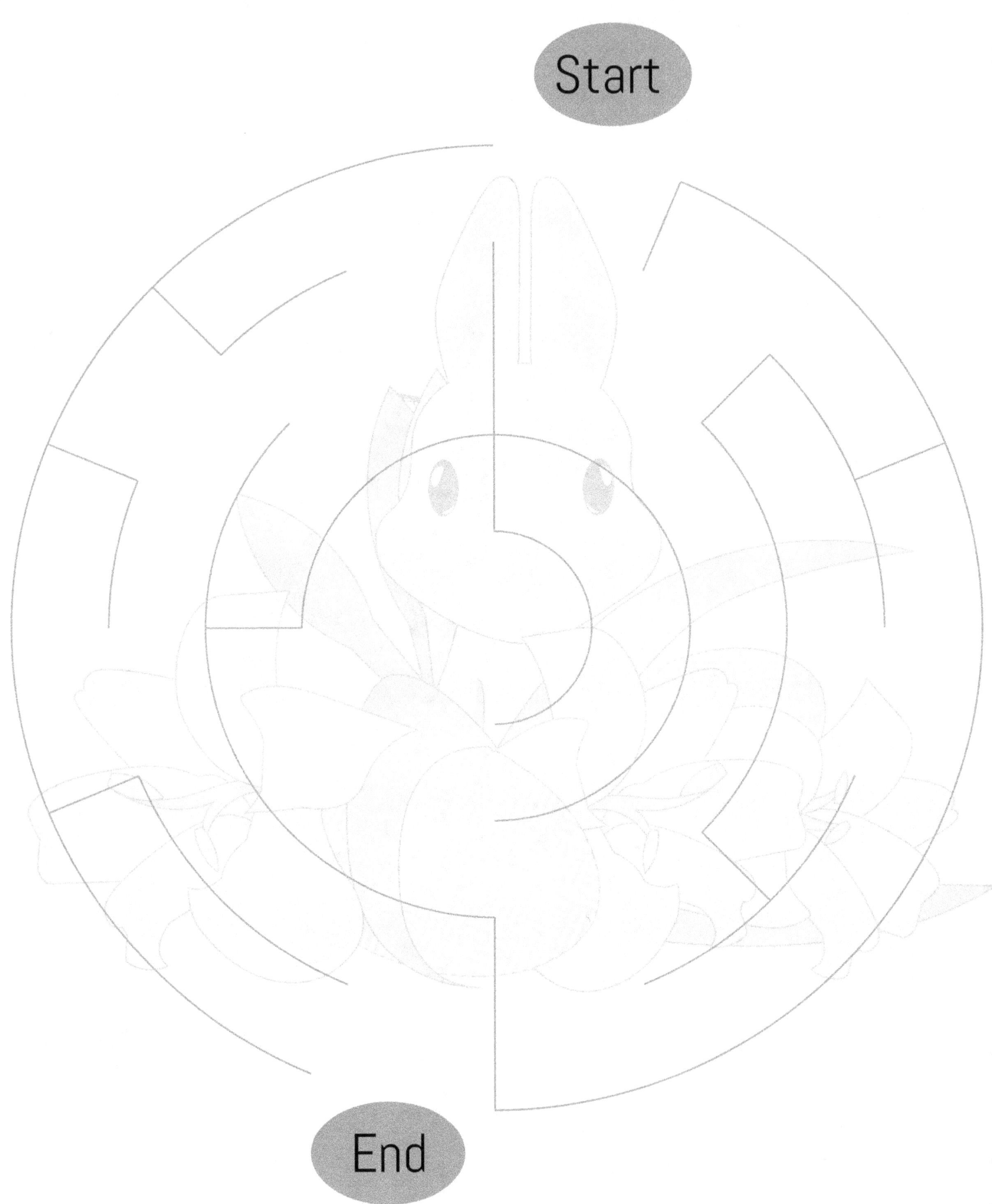
Start
End

Start
End

Start
End

Start
End

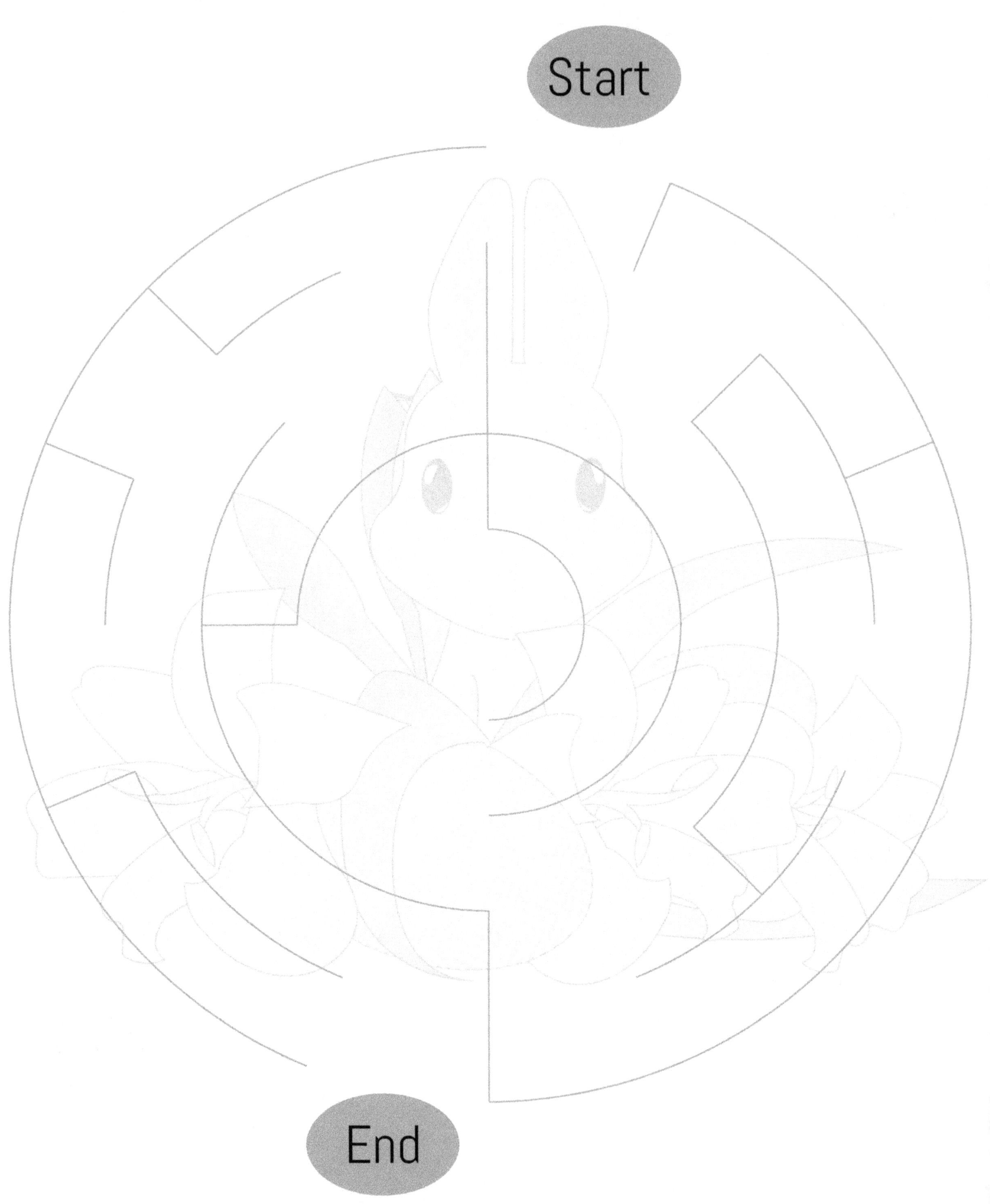
Start
End

Start
End

www.ingramcontent.com/pod-product-compliance
Lightning Source LLC
Chambersburg PA
CBHW081607250726

48657CB00018B/2775